ねこ禅

人生がふニャっとなごむ50の教え

監修：菅原研州（愛知学院大学 講師）
表紙撮影：五十嵐健太

ねこ禅 目次

第一章 ねこのように「しなやかに生きる」

- 乍雨乍晴 …………………… 6
- 行雲流水 …………………… 10
- 独坐大雄峰 ………………… 14
- 洗心 ………………………… 18
- 木鶏啼子夜 ………………… 22
- 而今 ………………………… 26
- 柔軟心 ……………………… 8
- 雲収山岳青 ………………… 12
- 無事是貴人 ………………… 16
- 日日是好日 ………………… 20
- 両忘 ………………………… 24

第二章 ねこのように「自然体を忘れない」

- 且緩々 ……………………… 30
- 結果自然成 ………………… 34
- 喫茶去 ……………………… 38
- 回光返照 …………………… 42
- 露 …………………………… 46
- 坐一走七 …………………… 32
- 大象不遊於兎径 …………… 36
- 八風吹不動 ………………… 40
- 逢茶喫茶 逢飯喫飯 ……… 44

第三章 ねこのように「愛し、愛される」

- 老婆心 ……………………… 50
- 把手共行 …………………… 54
- 花枝自短長 ………………… 58
- 我逢人 ……………………… 62
- 以心伝心 …………………… 66
- 花開世界起 ………………… 70
- 和光同塵 …………………… 52
- 和敬清寂 …………………… 56
- 誰家無明月清風 …………… 60
- 天上天下唯我独尊 ………… 64
- 単刀直入 …………………… 68

第四章 ねこのように「欲張りにならない」

- 吾唯足知 …………………… 74
- 看脚下 ……………………… 78
- 非思量 ……………………… 82
- 放下著 ……………………… 86
- 増上慢 ……………………… 76
- 惺惺著 ……………………… 80
- 莫妄想 ……………………… 84

第五章 ねこのように「やる時はやる」

- 人人悉道器 ………………… 90
- 冷暖自知 …………………… 94
- 一行三昧 …………………… 98
- 直心是道場 ………………… 102
- 一斬一切斬 一染一切染 …… 106
- 一心 ………………………… 110
- 無功徳 ……………………… 92
- 他不是吾 …………………… 96
- 工夫 ………………………… 100
- 不退転 ……………………… 104
- 勢不可使尽 ………………… 108
- 香厳撃竹 …………………… 112

ねこ禅 目録
- スターねこ INDEX ……… 115
- 禅語 INDEX ……………… 122

第一章 「ねこのようにしなやかに生きる」

第一章

ねこのように「しなやかに生きる」

ねこ様からの教え 古都様

晴れでも雨でも、キミと一緒なら…

同居しているフェレットと外を眺めるのが好きな古都様。晴れの日は鳥やそのさえずり、雨の日は雨粒や雨音——どんな天気でも観察することが楽しいんです。

乍雨乍晴

【さうさせい】

いつだってプラス思考でいこう

晴れても雨が降っても、景色は趣があるという意味。雨の日は気分が沈みがちで、物事をマイナス思考で考えやすくなるもの。結果、人間関係や仕事に悪影響が出て、「だから雨の日は嫌いなんだ！」と悪循環にはまってしまうおそれがあります。

雨のメリットを考えてみましょう。花や緑は濡れると美しさが増しますし、雨音にはリラックス効果があると言われています。ほかにも雨の恩恵は、たくさんあります。

苦手なことやデメリットが目立つことにも、じつは良い点が隠されているものです。それを見つけ出そうとする姿勢が大切。メリットが見つかれば、肯定的にとらえられます。そして前向きに考えられれば、表情や気分も明るくなり、良い一日になることでしょう。

第一章

ねこのように「しなやかに生きる」

ねこ様からの教え

ニャン吉様

泳げない、なんて言いました？

ねこは水が苦手で、泳ぐなんてありえない——そう思い込んでいるのは、心が固くなっている証拠。ニャン吉様やターキッシュ・バン（トルコ原産の純血種）のように、泳ぎ上手なねこだっているのです。

ねこ禅 二

柔軟心

【にゅうなんしん】

「できない」「違う」と決めつけないで

　人間は年を重ね経験を積むほどに、固定観念にとらわれたり、先入観で物事を判断しやすくなります。なかには自分と異なる意見を、言下に否定してしまう人も……。

　日本における曹洞宗（そうとうしゅう）の祖・道元禅師は、宋（現在の中国）に渡って修行を行っていましたが、その際、師の天童如浄禅師（てんどうにょじょう）に対し「柔軟心とはなんですか？」と聞きました。すると如浄禅師は「身心脱落（しんじんだつらく）こそが柔軟心だ」と答えたのです。つまり、身も心も一切の束縛から解き放たれた状態が柔軟心なのです。

　自我に執着することなく、やわらかでしなやかな心を持てれば、広い視点で物事を見ることができます。自分と異なる意見も「こんな考えもあるんだな」と受け入れられるようになるでしょう。

第一章

ねこのように「しなやかに生きる」

ねこ様からの教え

佐柳島 飛び猫様

道がなければ飛んじゃえ！

ノラねこは日がな一日寝ているように見えて、毎日いろいろな場所に足を運んでいます。時には塀の上に飛び乗ったり、屋根から屋根に飛び移ったり……道なき道を軽やかに進んで行きます。

行雲流水

【こううんりゅうすい】

身も心も軽くして生きよう

雲はあてどなく漂い、流れる水は一か所にとどまりません。自由で誰にもとらわれることがなく、一切の物事に執着しない――「行雲流水」とはそんな生き方を言い表した言葉です。

禅の世界では、修行僧を「雲水（うんすい）」と呼びます。語源はこの言葉。かつて修行僧は一か所にとどまらず、師を求めて全国を行脚（あんぎゃ）していました。まさに行く雲、流れる水のごとく自由に移動し、その時々で異なる師のもとで修行を積んでいたのです。

現代社会で「行雲流水」を実践するのは、禅僧ですら非常に困難です。しかし、心は雲や水のように自在でありたいもの。こだわりすぎたり悩みすぎたりして停滞した時、「行雲流水」という言葉を思い出しましょう。凝り固まった心がきっとほぐれていきます。

第一章

ねこのように「しなやかに生きる」

ねこ様からの教え

スエトシ牧場 子ねこ様

青空のように澄んだ心を持とう

青空の下、大小問わずさまざまな動物に囲まれて育つスエトシ牧場の子ねこ様。きっと余計なことは考えず、その心はいつも晴れ晴れしていることでしょう。

雲収山岳青

【くもおさまりてさんがくあおし】

くよくよしていても始まらない

雲を煩悩、山を人間に比喩した禅語で、心を覆う悩みや迷いがなくなれば、本来の自分が姿を現すということを意味しています。

遠慮がちな人のなかには、角が立ったり、出しゃばって見えたりすることをおそれるあまり、自分の意見を口にしないケースがあります。本当は言いたいけれど、言えない——葛藤を抱えていれば、自分の本当の姿を見せることができません。

もちろん、悩みや迷いを消し去るのは、そう簡単なことではありません。しかし煩悩に苦しんでいては、なかなか前に進むことができません。"心の雲"を消すべく、好きなことをしたり、精神統一をしてみましょう。晴れ晴れとした気持ちになれれば、あなたがあなたらしく生きられるのです。

第一章

ねこのように「しなやかに生きる」

ねこ様からの教え ウィル様

安心して寝られるだけでも幸せ

安眠している人は、それが当たり前だと思ってしまうもの。しかし、世の中には紛争や病気などで満足に寝られない人も……。ウィル様を見てください。ぐっすり寝られる幸せを噛みしめているように見えませんか？

ねこ禅 五

独坐大雄峰
【どくざだいゆうほう】

今生きていることがありがたい

　唐時代の禅僧・百丈懐海禅師(ひゃくじょうえかい)は、ある僧に「この世で最もありがたいものとは何ですか?」と聞かれ、こう答えました。
「この大雄山で坐禅していることだ」
　それしきのことにありがたみを感じるなんて、奇特な人だ……などと思ってはなりません。百丈禅師が伝えたいのは、「今ここに生きていることがすばらしい」ということ。

　人間は普段、お金や物、地位などにありがたみを感じてしまいがち。しかし、これらは元気で生きているからこそ意味があり、死んでしまったら何の価値もありません。今、ごく普通に生活できていること。それがいかにすばらしいことか、噛みしめながら過ごしたいものです。

第一章

ねこのように「しなやかに生きる」

ねこ様からの教え

あなご様

今のままで大丈夫

座布団にだらりと身をまかせるあなご様。まさに「何もなさない」状態です。何も求めず、変わる必要もない……そう体現しているようなたたずまいです。

ねこ禅 六

無事是貴人

【ぶじこれきにん】

欲や執着を捨てよう

「無事」と聞くと、多くの人は「健康」「変化がない」といったことを連想するでしょう。しかし禅語の無事は「何もなさないこと」を意味します。

臨済宗(りんざい)の開祖・臨済義玄(ぎげん)禅師は、救い、幸福、悟りなどを自分の外に求めることを戒(いまし)めました。これらは求めれば求めるほど、手に入りにくいものだからです。求める心がなくなり、純真無垢な自分に気づくことができれば「貴人(きにん)」であると言います。貴人とは悟りを得た人、つまり仏(ほとけ)を意味します。

禅の世界では、人間は生まれながらにして仏様と同様の純粋な心を持っていると考えられています。大事なのはそれに気づくこと。だからこそ臨済禅師は「求める心を捨てよ。何もしなくていい。本来の姿であれ」と説いたのです。

第一章

ねこのように「しなやかに生きる」

ねこ様からの教え

スエトシ牧場
名無し様

毛繕いで心も体も美しく

ねこの毛繕いは体を清潔に保つだけでなく、精神を落ち着かせる作用もあると言われています。それゆえ嫌なことがあった時も毛繕いをして、心と体の汚れを同時に取り除いている……のかも。

洗心

【せんしん】

心の汚れ、ためないで

コンロやシンク、便器などに付いた汚れ。すぐに掃除すれば簡単に落ちますが、ほったらかしにしていればこびり付き、取り除くのが困難になります。

心の汚れもこれと同じ。邪念や妄想などは放置していると消しにくくなります。それどころか、心を少しずつ侵食してしまうことも……。

こうした心の汚れは、気づいたらすぐに落としたいもの。お風呂に入った時、体だけでなく心の垢も落とすように意識してみましょう。スポーツをする、読書をする、映画を観るなどリフレッシュするのも有効です。機会があれば坐禅を経験してみるのもいいでしょう。大事なのは、いつも明るく前向きな自分でいるために、こまめに心の掃除をすることです。

第一章

ねこのように「しなやかに生きる」

ねこ様からの教え

キキ様・ジジ様

一日一日を大切に生きよう

「今日はツイてない」「今日はラッキー」。ねこはそんなことを考えるでしょうか？キキ様とジジ様はいつも生き生きと散歩を楽しみます。どんな日もどんな出来事も、すべてを受け入れているかのようです。

日日是好日

【にちにちこれこうにち】

どんな日も、かけがえのない一日

仕事がうまくいったり、ラッキーなことがあったりすれば、その日は幸せな気分になれるもの。反対に、上司に叱責されたり、不運に見舞われたりすれば「今日はロクな日じゃない」なんて憂鬱になりがちです。「毎日が良い日になりますように」と望むことは当たり前といえるでしょう。

「日日是好日」は、唐時代の禅僧・雲門文偃禅師の、まさに"悟りの境地"ともいえる言葉で、「毎日が幸せな日」という意味です。

多くの人は、良い日や悪い日といった優劣、損得にとらわれがち。しかし雲門禅師は、それらのこだわりを捨てるように促しています。喜びも悲しみもありのままに受け止めましょう。毎日が貴重に思えてきて、幸せが実感できます。

第一章

ねこのように「しなやかに生きる」

ねこ様からの教え

まっちゃん様

常識をうのみにしちゃダメ

エサのない深い森には生息しないと言われるねこ。しかしまっちゃん様は、人里はなれた森の中にある民家に姿を現しました。先住ねこも「ありえない」と、このポーズ!?　2匹はこの後、共に暮らすことに。

ねこ禅
九

木鶏啼子夜

【もっけいしやになく】

「ありえない」と決めつけない

　木彫りの鶏が、子の刻（夜12時頃）に鳴く。すなわち「分別を越えた働き」を意味します。

　鶏といえば明け方に鳴くもの。もし深夜に「コケコッコー」という鳴き声を耳にしたら、違和感を抱くでしょう。「非常識な鶏だ」などと思う人もいそうです。

　私たちはこれまでに得た知識や経験をもとに「常識」を作り上げ、それにとらわれがち。しかし、革新的なアイデアというものは、常識にとらわれない自由な発想によって生まれるものです。考え方や手法が「非常識」「ありえない」と言われながら成功を収めた偉人も少なくありません。

　分別を持つことは大事ですが、社会通念にとらわれる必要はありません。もっと自由に物事を考えてみませんか。

第一章

ねこのように「しなやかに生きる」

二者択一の呪縛から逃れよう

ねこ様からの教え

ろでむ様・すず様

まっ白なすず様、漆黒のろでむ様。まさに「白黒ついたふたり」ですが、どちらが良いなんて、わざわざ判断しないはず。この仲むつまじい姿を見ていたら、そんな二択はどうでもよくなってしまいます。

両忘

【りょうぼう】

白黒つけなくてもいいじゃない

好きか嫌いか、良いか悪いか、イエスかノーか——何事も白黒つけたがる人は少なくありません。確かに世の中は、善悪や苦楽、美醜など二つに分けられるものがたくさんあります。

「両忘」とは、こうした二元的な考え方から脱却することです。たとえば美醜なら、それが美しいのか醜いのか、思い切って判断することをやめてみる。善悪、苦楽などもしかり。

そもそも物事は、すべて白黒つけられるわけではありません。時には"灰色"が好ましいこともあります。「一方に決めるべき」といった考えから放たれることで、自然と心も軽くなるはず。「どっちだっていいか」という余裕を持つことで、新しい道が開かれることだってあります。

第一章

ねこのように「しなやかに生きる」

ねこ様からの教え

ニャン吉様

今を楽しまなくちゃ始まらない！

ニャン吉様は、散歩に出かけると草木の匂いを嗅ぎ回ったり野原を駆け回ったりと、今という瞬間を懸命に生きます。もちろん過去にあった嫌なことなんて振り返りません。大切なのは、あくまで今です。

而今

【にこん】

今この瞬間を大切に生きよう

過去の失敗を悔やみ続ける人もいれば、過去の栄光にしがみついている人もいます。人は現状に満足していないと、昔のことを幾度となく振り返るもの。しかし過ぎ去った時間は、けっして戻って来ません。大切なのは「今」で、自分を変えることができるのも「今」しかありません。

鎌倉時代、宋に渡って修行を積んだ道元禅師は、「いはくの今時は人人の而今なり。我をして過去未来現在を念ぜしむるは、いく千万なりとも今時なり、而今なり」と説いています。要約すると「過去も未来も瞬間の積み重ね。だから今生きている瞬間を大事にしなさい」ということ。

過去のことばかり考えていたら、「今」が過ぎ去ってしまいます。大事なのはまさに「今でしょ!」。

第二章
ねこのように
「自然体を忘れない」

第二章

ねこのように「自然体を忘れない」

ねこ様からの教え

海苔様

慌てず、どっしりかまえて

現代人は忙しさに追われがち。しっかりと自分を見つめる時間が欲しいものです。忙しくても一日一回はリフレッシュできる時間を。海苔様のように、身心ともにゆったり、どっしり過ごすのも良いでしょう。

且緩々

【しゃかんかん】

ゆっくり、冷静に考えよう

忙しい毎日に振り回されていませんか？ 焦って気持ちが空回りすると、負のスパイラルに陥って、抜け出せなくなることがあります。

昔々、少しでも早く悟りたくて、矢継ぎ早に質問攻めをする若いお坊さんが、お師匠さんに言われたのがこの言葉。「且」という漢字は「しばらく」の意。「緩々」の意味は「ゆっくりゆっくり」ということ。「落ち着きなさい。慌てず、焦らず、ゆっくりと」。そんな意味が込められています。

どんな道も急いで極めることはできません。早く良い結果を出そう、物事を早く片付けてしまおうと焦っている時には、「且緩々」と唱えてみてください。まずはお茶でも飲んで一呼吸。肩の力を抜いたら、きっと良い結果が待っているはずです。

第二章

ねこのように「自然体を忘れない」

ねこ様からの教え

あなご様

ふと、己を見つめてみる

仕事やプライベートが充実しているのは喜ばしいですが、忙しすぎて"ひたすら突っ走る"のは避けたいところ。時にはあなご様のように立ち止まり、冷静に周囲や自分を見つめてみましょう。

ねこ禅
十三

坐一走七

【ざいちそうしち】

立ち止まることだって大切

　直訳すると「一回坐り、七回走る」ですが、一や七は数字の大小を意味しているのではないとされています。意義としては「坐るも走るも自由自在」ということです。

　日々をがむしゃらに走り続けている私たち現代人ですが、人は一生ずっと走り続けてはいられません。時には立ち止まって体勢を整えることも大切。

「こんなに頑張っているのに、うまくいかない」なんて時、それは「一度足を止めてみては？」というサインかもしれません。

　一生懸命生きるのはすばらしいですが、夢中で走っている間は、自分自身が見えなくなってしまうものです。心静かに坐るとは、己を見つめるということ。自分を理解することが幸せへの近道なのです。

第二章

ねこのように「自然体を忘れない」

努力は実を結ぶ

ねこ様からの教え

きなこ様

たゆまぬ努力をしていれば、すぐに成果が出なくても焦る必要はありません。きなこ様は力強い体を手に入れるため、こっそり、そして地道に腹筋(?)を続けています。

ねこ禅 十四

結果自然成
【けっかじねんになる】

やるだけやったら、それでいい

頑張っていてもなかなか結果が出ない時。「このまま続けていてもいいのかな……」とモチベーションは下がる一方です。そんな時にぜひとも口にしたいのがこの言葉。

禅宗の初祖、達磨大師が弟子の慧可禅師に伝えた教えのなかの言葉で、「一華開五葉」という言葉と対になっています。「一華開五葉」は、一つの花は五弁を開いてやがて自然に実をつけるという意味。続く「結果自然成」とは、正しい目的に向かって、日々たゆまぬ努力を続けていれば、ふさわしい結果はおのずとついてくるという、とても頼もしい言葉です。今はまだ変化は見えなくても、焦らずに。今まで通り、コツコツと頑張ってきたあなたの努力は、きっと実を結ぶはずです。

第二章

ねこのように「自然体を忘れない」

ねこ様からの教え

ポッケ様

「まっ、いいか」を大切に

瑣末なことに悩まない余裕のある人間でいたいもの。ポッケ様を見てください。フルーツネットをかぶった姿が衝撃的ですが、本人にとっては気にするに値しない"小さなこと"なのです。

ねこ禅
十五

大象不遊於兔径

【だいぞうはとけいにあそばず】

「スルー力」を手に入れよう

体の大きなゾウは、ウサギのような小さな動物が利用する道を通ることはない——ゾウの歩みは、ゆったりとして、じつにおおらかです。

小さなことにくよくよしていたら、気が休まることはなく、心はどんどんすり減るばかり。器の大きな人間ほど、瑣末なことに気をとられません。

時には「小さなことは見ないふりをしよう」「細かいことは気にしない」など、達観することも大切です。「寛容さ」は人生を優しく、色鮮やかにする力を持っています。

心を大きく開いていると、優しい気持ちになれるだけでなく、まだ知らない新しいことや素敵なことが目の前に飛び込んでくる機会が増えます。悠然と、人生を楽しみましょう。

第二章

ねこのように「自然体を忘れない」

ねこ様からの教え

うなぎ様

お茶で心をととのえて

冷静さを失った状態で物事にあたれば、失敗しやすくなるのは自明の理。うなぎ様の場合は猫舌なので、心を落ち着かせたい時は、お茶をじっと見つめて精神統一するようです。

ねこ禅
十六

喫茶去

【きっさこ】

一息ついて、自分を見つめ直そう

中国、唐時代の有名な禅僧・趙州従諗禅師は、初対面の修行僧にも古参の高僧にも、「喫茶去」と口にしたそうです。

この言葉、茶席では「まあ、お茶でも飲みなさい」といった意味にとらえられます。一方、禅の世界ではそれだけにとどまらず、「お茶でも飲んで目を覚ましなさい！」という思いも込められていると解釈します。つまり、優しくお茶に誘っているわけではなく、相手を叱咤しているわけです。

感情的になっている時や焦っている時は、誰しも正常な判断ができなくなってしまうもの。自分や周りの人が冷静さを失っていることに気づいたら、「喫茶去」と口にして、お茶の時間にしましょう。頭を冷やすことで我に返ることができるはず。

第二章

ねこのように「自然体を忘れない」

ねこ様からの教え

オトスケ様

何があっても動じない

ほかのねこからあまりにも強引に割り込まれたオトスケ様ですが、いたって冷静。こんな風に多少のイレギュラーくらいでは動揺しない、どっしりとした人間になりたいもの。

ねこ禅 十七

八風吹不動

【はっぷうふけどもどうぜず】

翻弄されない心を持とう

人生には、じつにさまざまな風が吹きます。この八風とは、利益や名誉、称賛、楽しいことを表わす「四順」と呼ばれる「利・誉・称・楽」、そして損や陰口、批判や心身の悩みを表わす「四違」と呼ばれる「衰・毀・譏・苦」を合わせた八種類の風のこと。この八つの風にさらされ続け、日々揺さぶられているのが現代人です。

この言葉は、どんな風が吹いても、倒れたり飛ばされたりしないように心の根をしっかり張りましょう、という励ましのメッセージです。

誰でも理不尽な中傷や不運には落ち込みますし、褒められて調子に乗ったり、油断することもあるでしょう。そんな時、自分の根っこがしっかりしていれば、きっと美しい花を咲かせることができます。

第二章
ねこのように「自然体を忘れない」

ねこ様からの教え

ホイップ様

自分自身を見つめてみよう

いつも他人のことばかり気にしていませんか? ホイップ様のように鏡の前に立ち、自分と対話をする時間を設けましょう。自身の良い点やこれからすべき点など、いろいろなことが見えてくるはず。

ねこ禅 十八

回光返照

【えこうへんしょう】

自分の内面にも目を向けて

　何かをしようとする時、そしてまさにしている時。私たちの心は、外へばかり向かっています。他人から見えている自分はどうか、誰かの言葉や考えが気になる……。当たり前ですが、私たちの目を通して見えるものは外の世界ばかり。普段、光は外の世界にしか当たっていないからです。

　「回光」とは光をめぐらすことです。「返照」は字のごとく、照り返すこと。道元禅師も坐禅の心境を示すために用いたこの言葉は、時として自分の内側にスポットライトを当てて、自分本来の心を照らし出しなさいということを教えてくれます。

　みずからを顧みることで、自分の良さや本当に求めていることが再確認できます。そして今まで知らなかった新しい自分を発見できるかもしれません。

第二章

ねこのように「自然体を忘れない」

ご飯は無心でいただくもの

ねこ様からの教え キク様

スマホを見ながら、本を見ながら……といった"ながら食事"は、何を食べたのか記憶しにくく、後でおなかが減りやすくなるという研究結果も。キク様のように"食べる"という行為に集中を！

ねこ禅 十九

逢茶喫茶 逢飯喫飯

【さにおうてはさをきっし はんにおうてははんをきっす】

目の前のことに集中！

忙(せわ)しない毎日を送ると、なかなか一つのことに集中する時間がなくなります。電車では音楽を聞きながらスマホをいじったり、仕事先のランチでは食事をしながら新聞や雑誌を読んだり……。そんな時に思い出したいのがこの言葉。

お茶を飲んでいる時には、目の前のお茶を飲むことに集中し、ご飯を食べる時には、目の前のご飯を食べることに集中しましょうという意味。きちんと集中して味わうと、素材本来の味や、体調による味覚の変化にも気づきます。これは生活のすべてに通じます。今すべきことに集中する。すると、そのすべきことに対して丁寧に向き合うことになります。自然と感謝の気持ちも生まれるでしょう。丁寧に生きることが喜びにあふれる人生の秘訣です。

第二章

ねこのように「自然体を忘れない」

ねこ様からの教え

ヨウカン様

自分の気持ちを隠さない

本心を胸に秘めたまま生活を続ければ、いつも心がもやもやしている状態に。ヨウカン様のように、その時の感情をストレートに表現することも大切です。

露

【ろ】

素直に思いを表現してみよう

　この漢字が使われている言葉は多いので、ピンとくる人も多いことでしょう。意味は「あらわ」。ありのままにすべてを包み隠さない状態、すべての心をむき出しにするという意味です。

　ただ、さまざまな人間関係を円滑に維持するために、遠慮したり、傷つけないように気を遣ったり、自分を少しでも良く見せたいために格好つけてしまったり、社会生活を送る上では「いつもありのままに」というわけにはいきません。

　そこで提案です。自分が素の自分に戻れる時間を用意しましょう。包み隠さない自分でいられる家族や恋人、友人を持つのも素敵ですが、そういう自分に戻れる場所を見つけて、時折出かけても良いかもしれません。日常がゆるりと和らぎます。

第三章
「愛し、愛される」
ねこのように

第三章

ねこのように「愛し、愛される」

支え合って生きていこう

ねこ様からの教え

スエトシ牧場 子ねこ様

ねこ、カメ、ウサギ、馬を始め多様な動物が暮らすスエトシ牧場。動物たちは仲良しで、種を超えた愛情・友情を垣間見ることも。この子ねこ様は、体の重いカメを後ろから押してあげている……のかもしれません。

老婆心

【ろうばしん】

相手を想うだけで優しくなれる

損得はまったく考えず、相手のことだけを想って親切にする——「老婆心」とはお婆さんが子や孫を愛し、世話を焼くような姿を表した言葉です。人付き合いがどんどん希薄になってしまっている日本社会では、他人の「老婆心」にあやかることは少ないかもしれません。

しかし、そんな時代だからこそ、見返りを求めない行動に人々は感動するものです。

道に迷っているそぶりの人、階段でベビーカーを下ろせずにいる母親、駅などで券売機の操作に戸惑うお年寄り……日常生活で困っている人に出会うことは、珍しくありません。そんな時、「お困りですか？」「どうかしましたか？」と当たり前のように声をかけて助けてあげたいものです。

第三章

ねこのように「愛し、愛される」

ねこ様からの教え

トムお様

"ねこの手"はさり気なく貸すべし

桶川スポーツランドの看板ねこ・トムお様は、いつも受付机でまどろんでいます。しかし、お客さんが書類を記入する時は、"ねこの手"を貸すとかなんとか……。そのさり気ない気遣い、勉強になります！

和光同塵

【わこうどうじん】

その才能、人のために使おう

　優れた才能を表に出さず、普通の人と同じ目線で接することをいいます。「能ある鷹は爪を隠す」ということわざの意味に似ています。

　仏教では、仏様がそのまま俗世に現れては、その才能や智慧があまりにずば抜けているため、あえてその光を和らげて隠し、人々を救うとされています。この考え方は、私達の社会でもそのまま当てはめることができます。

　人より才覚があることや知識が豊富なことなどを、つい自慢したくなるのが人間というもの。けれど、それによって誰か幸せになるでしょうか。本人も含め、誰も救われません。むしろ縁の下の力持ちに徹し困っている人を助けてこそ、その才能は生かされることを、心に留めておきたいものです。

第三章

ねこのように「愛し、愛される」

ねこ様からの教え
ルイユ様・ブラン様

キミといつまでも…

毎日のように一緒に遊び、密着して眠るルイユ様とブラン様。どちらも明るく社交的。そして豊かな生活を送っているように感じられるのは、"信頼できるパートナー"がいるからなのでしょう。

ねこ禅 二十三

把手共行

【はしゅきょうこう】

信じる人と共に生きよう

「**手**をつないで共に行く」という禅語です。では誰と手をつなぐのでしょう。禅語の世界でいえば、悟りを開いた祖師たちと共に歩むという意味から、その相手は達磨(だるま)大師や道元禅師です。それでは、私たちの暮らす社会では誰でしょうか。

最近、誰かと手をつなぎましたか？ つないだ手から伝わる相手のぬくもりに、安らぎを覚えたのではないでしょうか。あるいは実際に手をつながなくても、いつもそばにいてくれる存在も、やはり同じようなあたたかさが感じられることでしょう。

もしも孤独だと思った場合、周囲を見回してみてください。実際にはすぐそばに、つなぐべき手があるかもしれません。手を取り合う相手がいる、それが人生を豊かにするのです。

第三章

ねこのように「愛し、愛される」

「和」を大切に

ねこ様からの教え

ぎんなん様

温厚で甘えん坊のぎんなん様。同居している犬やほかのねこと仲良しで、時には毛繕いをしてあげることも。そんな相手を大切にする性格だからこそ、誰からも好かれています。

ねこ禅 二十四

和敬清寂

【わけいせいじゃく】

相手を想い、認める心を持とう

仕事やプライベートで、人と意見がぶつかるなんてよくあること。時には到底認められないような提案をされたりすることもあるかもしれません。思わずかっとなり、もうこれ以上話すのは無駄だと席を立ち上がる──そんな時に思い出してほしいのがこの言葉です。

「和敬清寂」は茶道の根本精神を表現する語ですが、お互いを尊重することで敬う気持ちが芽生え、その結果、清々しい関係が生まれるという意味にもつながります。自分の意見ばかりを声高に主張しても、その声は相手には届きません。人と意見が分かれた時こそ、相手の話に耳を傾ける。それが「和敬清寂」の第一歩です。常にこれを心がけていれば、コミュニケーション能力は大きくアップすることでしょう。

第三章

ねこのように「愛し、愛される」

個性を尊重しよう

ねこ様からの教え

フクロウコーヒー
マリモ様

自分と見た目や考え方が大きく異なっても、相手の個性を認め、尊重することが大事。ねこのマリモ様とフクロウのフク社長は、種も性質もまったく異なるけれど、親密な間柄です。

ねこ禅 二十五

花枝自短長

【かしおのずからたんちょう】

いろいろな人がいるからバランスがとれる

　花の枝は長さがばらばらですが、すべて長さが異なるからこそ、バランスのとれた自然な姿になります。これは人間社会でも同様のことが言えます。

　同じ地球に住みながら、人は千差万別。それゆえに、お互いに誤解をしてしまったり、争いが起きたりします。しかし千差万別だからこそ、この世は成り立っているのです。

　もしもすべての人間がまったく同じだったら、人は自我を失ってしまうのではないでしょうか。自分という人間の存在価値も、見いだせなくなるかもしれません。それを意識すれば、人によって考え方が異なるのは、当たり前だと思えるはずです。そして自分と異なる意見も尊重する——その姿勢を忘れずに。

第三章

ねこのように「愛し、愛される」

見た目だけで決めつけないで

ねこ様からの教え

ふーちゃん様

一見、不機嫌そうなふーちゃん様ですが、実際はリラックスしています。怖そう、不機嫌そうなど、見た目だけで判断して関わりを持とうとしない姿勢は改めましょう。

誰家無明月清風

【たがいえにかめいげつせいふうなからん】

物事の一部だけで判断しない

「明るい月の光や清風が届かない家がどこにあろうか」。普段明かりが点かないような家にも、月の光やさわやかな風は行き渡る——つまり仏の慈悲は誰に対しても平等に注がれており、誰の心にも仏心が宿っているという意味です。純粋な人間性を持っていない人など存在しない、というわけです。この禅語は、現代人に対する「外見や表面的なことだけで判断してはいけない」という、忠告とも言えるでしょう。

「明月清風」に気づかないのは、心が貧しくなってしまっているせいかもしれません。もしも最近、見た目だけで人を評価し、それが固定観念となってしまっているケースが思い当たるならば、ぜひ心に月の光と清風を取り込んでください。

第三章

ねこのように「愛し、愛される」

さまざまな人と交流を！

ねこ様からの教え

スエトシ牧場 子ねこ様

多様な動物が暮らす牧場で生まれた子ねこ様。見た目や大きさはもちろん、性質も何もかも異なる動物たちは、時に相いれないこともあるはず。それでもふれ合うことでお互いを知り、成長していくのです。

ねこ禅 二十七

我逢人

【がほうじん】

人と会わなくちゃ始まらない

「**我**、人と逢うなり」。人と人との出会いを表した言葉です。一人で考えていても、わからないことやできないことは、たくさんあります。けれど人と出会うことによって、わかることもできることも増え、可能性はどんどん広がっていきます。出会いからすべてが始まるのです。

一方、人は人との関わりで悩んだり迷ったり、複雑な人間関係にストレスを抱えたりします。しかし人とのつながりなくして、生きていくことはできません。これまでの人生での楽しい出来事を思い出してみてください。そこには必ず、自分以外の人も存在しているはず。「我逢人」というシンプルな三文字には、出会いの尊さ、大切さという、人生にとって非常に重要な教えが込められているのです。

第三章

ねこのように「愛し、愛される」

ねこ様からの教え

ルーク様

それぞれの生き方があるよね

人間、動物、昆虫——どんな命も代わりがききません。それを少し意識するだけで、相手を尊重し、思いやるようになるはず。カブトムシとも親交を深めようとする（？）ルーク様が見本です。

ねこ禅 二十八

天上天下唯我独尊

【てんじょうてんげゆいがどくそん】

自分も他人もたった一人しかいない

　お釈迦様(しゃか)が生まれた時に四方に七歩ずつ歩み、右手で天を、左手で地を指して唱えたと言われるこの言葉。文字通り、お釈迦様は「自分だけが尊い」と仰っています。しかし、これを人を見下すような意味でとってはなりません。お釈迦様は生まれた直後にこの言葉を口にし、「必ずこの人生で仏になるのだ」と決意されました。つまり、「宇宙のどこにも私の代わりになるものはいない。よって、その意味をよく考え、役割を全うするのだ」という自らの責任を述べられたのです。

　誰しも、その代わりになる人など存在しません。それだけ人というものは尊いのです。この言葉の意味を理解することで、今を生きるすべての命を愛おしく思う気持ちが一層増すはずです。

第三章

ねこのように「愛し、愛される」

ねこ様からの教え

トムお様・たま様

言葉はなくとも、察してます

トムお様とたま様は熟年夫婦のような関係。近寄っただけで、なんとなく相手の求めていることがわかるようです。大事なのは言葉ではなく、"信頼"なのではないでしょうか。

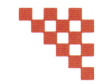

以心伝心

【いしんでんしん】

心を通わせるには、相手を信じて

「言わなくてもわかる」「言いたいことは伝わっている」。これまでの人生で「以心伝心」を経験したことがある人は、少なくないはず。

この言葉は私たち現代人になじみ深いものの、もともとは「言葉や文字では表せない仏法の極意を師匠から弟子へ伝える」という禅語です。

時には無意識のうちに表情や雰囲気だけで語り、また相手が言葉を発せずとも理解する——暗黙の了解、阿吽の呼吸、行間を読む……など日本文化らしい「言葉にしない美学」です。

しかしながら「以心伝心」の間柄になるには、相手を信頼し、また相手から信頼される必要があります。このすばらしい関係を構築できるよう、日頃から努めたいものです。

第三章
ねこのように「愛し、愛される」

ねこ様からの教え

鈴ノ助様

前置きなしで伝えよう

相手に何かしてもらいたい時は、余計なことは言わず本題から伝えてみましょう。人間のように言葉こそしゃべれない鈴ノ助様ですが、いったい何をしてほしいのか一目瞭然です！

ねこ禅 三十

単刀直入

【たんとうちょくにゅう】

本音を伝える時こそ心を込めて

　りくどい言い方ばかりで本音を語らず、話がなかなか核心にたどりつかない——そんな人には思わず「単刀直入に言ってください！」と言いたくなります。

　一方、自分にとってつらいことやうれしくないことを、何の前ぶれもなくいきなり聞かされたら、人は傷ついたり、相手に腹を立てたりします。本音を切り出しにくいのは、相手の気持ちを思いやるがゆえのジレンマでもあります。

　相手の心に寄り添いつつ本音を伝えることができれば、たとえそれが厳しい言葉であったとしても、「言ってくれてありがとう」という言葉が返ってくるかもしれません。「単刀直入」にものを言う時ほど、思いやりの心が求められるのです。

第三章

ねこのように「愛し、愛される」

ねこ様からの教え

うら様

笑顔という名の花を咲かせよう

たった一言や一輪の花だけで、人は笑顔になるもの。うら様を見てください。笑みがこぼれると同時に、心が和んだのではないでしょうか。こんな風に意識せずとも周囲を明るくさせられる存在でありたいものです。

花開世界起

【けかいせかいき】

花のように人を明るくさせる言葉がある

　誰もが押し黙り、重苦しい空気が立ち込める部屋。その中の一人が放った言葉で空気が一変し、人々が笑顔になる——そんな経験をしたことはないでしょうか。

　たった一輪の花でも明るい世界を作ることができるという意味の「花開世界起」。確かに花はそこにあるだけで、人の気持ちを明るくさせ、時に会話のきっかけも生み出します。

　たとえ花がなくても大丈夫。私たち人間には"心の花を咲かせる言葉"というものがあります。たとえば「ありがとう」という言葉。シンプルな一言ですが、それを聞くだけで人間はうれしい気持ちになったり、ほっとしたりするもの。たった一言だけで花が咲いたかのように周囲を明るくすることができるのです。

第四章
ねこのように「欲張りにならない」

第四章

ねこのように「欲張りにならない」

ねこ様からの教え

海苔様

今あるものを大切に

あれも欲しい、これも欲しいと欲望が強すぎると、あらゆるものにありがたみを感じられなくなってしまいます。海苔様を始めとしたねこを見習いましょう。一つの箱を壊れるまで愛用します。

吾唯足知

【われただたるをしる】

それ、本当に必要なもの？

　京都・龍安寺のつくばい（石の水鉢）に刻まれていることでも知られているこの言葉。「足るを知る」とは、今与えられているものに満足しているということ。たとえそれが少なくとも、「足りない」とも「もっと欲しい」とも思わず、少しの「足りる」で心が満たされていることです。

　もう十分と思うのは、簡単なようで意外に難しいものです。人の欲望には際限がなく、今あるものだけではなかなか満足できません。けれど「もっと」と求めるその欲望は、執着を生み、自分自身を苦しめる原因になることも。

　心の安らぎは、求めすぎず「足るを知る」ことで得られます。心が穏やかでいれば、おのずと今あるものに感謝する思いも生まれるでしょう。

第四章

ねこのように「欲張りにならない」

ねこ様からの教え

つつじ様

いつだって気配りのできる人に

自信をつけて調子に乗っていると、周囲に対する配慮も忘れがち……。つつじ様のように「イスをどうぞ」なんていう気遣いができる存在でありたいものです。

増上慢

【ぞうじょうまん】

謙虚な気持ちを忘れずに

　仏教では、まだ道半ばでありながらすでに悟りを得たかのようにおごり高ぶるという意味です。現代でいえば、思い上がったり、他者を見下すことを指します。

　もちろん、誰かにほめられたり実績を残して自信をつけるのは結構なこと。注意したいのは、成功が続いた時。「自分は実力者だ」と傲慢な態度を取る人は、少なからずいます。自己過信に陥れば、成長が鈍化するだけでなく、人が離れていってしまいます。

　スポーツやビジネスで大きな成功を収めた人は、意外に謙虚な人が多いものです。それは「自分はまだまだ」「もっと成長したい」という気持ちが根底にあるからではないでしょうか。能力や地位におごらない素直な態度、ぜひ見習いましょう。

第四章

ねこのように「欲張りにならない」

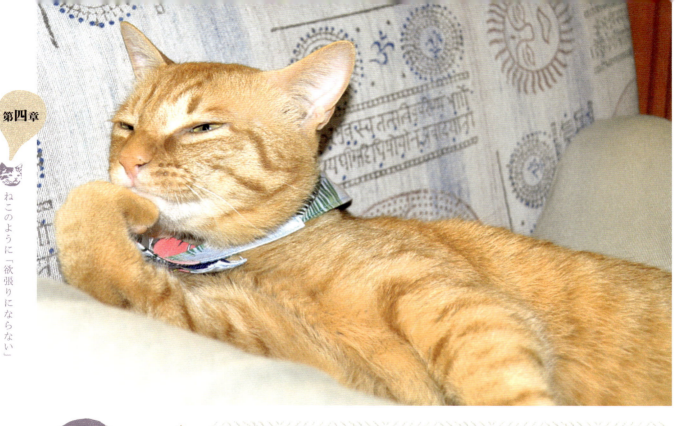

ねこ様からの教え

マイケル様

己を振り返ることだってある

失敗しても怒られても平然としているねこですが、マイケル様を見てください。この難しい表情、自身のこれまでの行いについて思いを巡らせているに違いありません。

看脚下

【きゃっかをみよ】

今の自分に足りないものは何？

禅寺の玄関などによく掲げられている言葉。「足下をよく見なさい」が転じて、「靴をそろえましょう」という意味で使われています。

この言葉にはエピソードがあります。ある夜、中国（宋）の高僧、五祖法演禅師が三人の弟子と暗い道を歩いている時、風が吹いて灯りが消えてしまいました。法演禅師が弟子たちに「どうするか答えよ」と問うと、一人が「看脚下」、つまり足下をよく見ると答えたのです。当たり前の答えではありますが、法演禅師はこの一言に心を打たれました。

足下を見る、靴をそろえる、それらは「自分自身を顧みることを忘れないように」という教えにもつながっています。早く進みたいと気が急く時こそ、自分の足下をしっかり見つめましょう。

第四章

ねこのように「欲張りにならない」

ねこ様からの教え

どんぐり様

こう見えて、心は活発

ねこはたとえ生活が単調でも、やる気をなくすことはなく、自分のすべきことも見失いません。どんぐり様のように寝てばかりいるケースは多いものの、心は鈍っていないのです。

惺惺著

【せいせいじゃく】

目を覚ませ！

ずばり「自分を見失わない」という意味です。ドラマなどで自暴自棄になっている人や、間違った道に突き進んでいる人に対して「目を覚まして！」と言っているシーンがありますが、まさにあれこそ「惺惺著」です。

それはもちろん、自分に対して発せられる言葉でもあります。人から言われるほど道を外してはいないと思う場合は、自身に問いかけてみてください。本当に目を覚ましているのか、心は開かれているのか、自分を見失っていないか。だらだらと先延ばしにしていることはありませんか？　見て見ぬふりをしていることはありませんか？

普段から自分に「目を覚ませ！」と活を入れ、行いを見直すようにしてはいかがでしょうか。

第四章

ねこのように「欲張りにならない」

ねこ様からの教え

リクオ様

あれこれ考えるの、やめよう

心配というものは実体がなく、自分が作り出しているもの。余計なことを考えないようにしましょう。リクオ様のように「心配するくらいなら寝る」といった軽い気持ちになるのが理想です。

非思量

【ひしりょう】

悩む心を一度切り離してみる

仕事、家庭、人間関係などで問題が起きると、常にそのことばかり考えてしまうという人は多いのではないでしょうか。もちろんどれも大事なことですから、心配になるのは当然といえば当然です。ただ、こうした悩みはストレスになりやすく、心が不安定になりがちです。思い切って自分と世界との間にある心の垣根を取り払ってみましょう。これは禅語で「非思量」と言います。

そもそも問題を心配していても何の解決にもなりません。むしろ不安が増幅され、余計頭を悩ませることになります。だからこそ、今成すべきことに集中する。それが問題解決の近道です。もし不安が首をもたげてきたら、深呼吸したり好きなことをしたりしてリフレッシュしましょう。

第四章

ねこのように「欲張りにならない」

"仕分け癖"をなくそう

ねこ様からの教え のんた様

小さなお皿と大きなお皿に分けられたごはんを前にするのんた様。どちらかを選り好みすることなく、両方ともいただきます。その姿は「一方に執着する必要はない」と教えてくれているかのよう……!?

莫妄想

【まくもうぞう】

区別しなければ、悩みも生まれない

「妄想すること莫れ」という意味の禅語。ただし、被害妄想や誇大妄想のことなどを指しているのではありません。

生死、善悪、美醜、勝敗、愛憎、貧富——私たちは当たり前のように、相対する二つの概念を作り出して選別しています。この選り分ける心も、じつは妄想なのです。つまり「妄想すること莫れ」というのは、「区別すること莫れ」という意味でもあります。

物事を二元的に分ける癖がついてしまうと、「中間を選ぶ」「中立する」といった選択肢を忘れてしまいがち。おのずと一方に気持ちが傾き、そのことで執着心が芽生え、苦しんでしまうことも。ならば初めから区別しなければいい、というわけです。妄想から得られるものなど、何もないのですから。

第四章

ねこのように「欲張りにならない」

捨てる勇気を持とう

ねこ様からの教え

うなぎ様

人間は自分に利益のあるものにこだわりすぎ。執着心が極めて少ないうなぎ様を見習いましょう。たとえ大好きなオモチャも、いつだって捨てる覚悟はできている……はずです。

放下著

【ほうげじゃく】

そのこだわり、手放してみよう

放下の意味は「置く」。「著」は放下の意味を強調するための置き字です。

お金、地位、物、恋人——私たちの身の回りには、欲しいものがあふれています。これらは一度手に入れると、なかなか捨てることができません。しかし、すべて執着しやすいものでもあり、悩みの種になりやすいと言えます。

「放下著」はこうしたものを含め、一切を置いて放っておきましょうという考え。もちろん現代人がすべてを一気に手放すのは、とても不可能です。たとえば転職時には以前の地位や肩書きにとらわれることをやめ、引っ越し時には余計な物を捨ててみてはいかがでしょうか。何か一つ執着することをやめるたびに悩む心も一緒に離れ、心が軽くなります。

第五章

ねこのように「やる時はやる」

第五章

ねこのように「やる時はやる」

ねこ様からの教え

ロイド様

こう見えて、自信満々

いつもしょんぼりしているように見えるロイド様。でも、表情でわかりにくい分、自分の意思を行動ではっきり示します。この"ジト目"も「ちゃんと伝わってるハズ」という自信の表れなのかもしれません。

ねこ禅 三十九

人人悉道器

【にんにんことごとくどうきなり】

自信を持って突き進もう！

「**道**器」という聞き慣れない言葉は、「仏道を修めるに足る資質を持つ人」という意味。鎌倉時代の禅僧・瑩山紹瑾（けいざんじょうきん）禅師は「人は誰でも仏道を極める可能性を持っている」と述べました。

この言葉は「誰でも道を極める努力をすれば、もともと備わっている可能性が開かれる」ということを示唆しています。

人はある程度物事に挑戦してうまくいかないと「才能がない」「資質がない」と、途中で投げ出してしまいがち。しかし、その道を極めるつもりで努力をすれば、きっと結果は異なるはず。

「自分だってスペシャリストになれる資質を持っている」。何かに挑戦する時は、まず自信を持ち、精進することが大切です。

第五章

ねこのように「やる時はやる」

ねこ様のお教え

夢様

ボランティア精神のある人に

他人に何かをしてあげたら、見返りがあるべきという考え方からは脱却したいもの。いつも人間を癒している夢様は、ご褒美のフードを目の前にしても、「そんなつもりでは……」なんて言わんばかりの謙虚な表情です。

ねこ禅 四十

無功徳

【むくどく】

ノーリターンでもいいじゃない

人助けをしたらお礼くらいは欲しい、笑顔であいさつをしたら笑顔で返して欲しい。人はほとんど無意識に、見返りを期待します。そんなつもりで人助けしたわけではないと頭では思っても、やはりお礼の一言もなく立ち去られたら、いい気分はしないもの。

「功徳」とは、良い行いに対する報い。しかし禅の世界では、功徳を得るために善行をしてはならないと戒められています。

昔、梁の武帝が達磨大師に「私は寺を建て、僧の数を増やした。どんな功徳が得られるか」と尋ねると、「無功徳」、つまり一切功徳にならないと答えたそうです。対価がなくても他人に奉仕できる——そんな慈愛あふれる人になりたいものです。

第五章

ねこのように「やる時はやる」

ねこ様からの教え

ふくたん様

何事も経験なんです

見た目や固定観念などから「苦手」「自分には合わない」などと決めつければ、可能性に蓋を閉じることに……。ふくたん様はおっかなびっくり入浴したら、意外に気持ち良く、今では湯船でまどろむことも。

冷暖自知

【れいだんじち】

まずは自分で確かめてみよう

　水が冷たいか暖かいかは、人からあれこれ聞かされるより、自分で触れてみればわかること、という意味です。

　たとえば自転車の乗り方は、誰しも幼少期に人から教わるもの。でも言葉で説明されるより、実際にペダルをこいで練習した方が、何倍も早く上達できます。見たことのない食べ物も、その味を細かく説明されるより、一口食べればすぐにわかるもの。人から学ぶことはもちろん大事ですが、自ら経験しなければ得られないものもたくさんあります。

　人気のある観光スポットの情報や写真をパソコンやスマホで見て満足しても、その土地に行ったことにはなりません。とかく忘れがちな"経験することの大切さ"を意識して日々を送りたいものです。

第五章

ねこのように「やる時はやる」

あくしゅ1回10円

ねこ様からの教え

ポッケ様

自分のことは自分で！

「あくしゅ1回10円」と書かれた段ボールの穴から手を出すポッケ様。遊んでいるように見えて、じつは自ら生活費を稼ごうとしていたりして!?

ねこ禅 四十二

他不是吾

【たはこれわれにあらず】

自分でするからこそ、身になる

道元禅師は宋での修行中、修行僧の食事を用意する老師が苦労して作業している姿を見て、「誰かに手伝わせてはいかがですか」と声をかけました。その時の老師の返事が「他不是吾」です。きつい作業も修行の一つ、人にやらせては自分がしたことにならない、そういう答えでした。

本来ならば自分がすべきことを人に任せることは、一見楽で得をしたように思えるかもしれません。けれど多くのことは、それをなし遂げる過程で学び得るもの。自分で取り組むことによって、初めて自分の力になるのです。

面倒なこと、後回しにしたいことなどを率先して自ら取り組む姿勢が、成長につながることは言うまでもありません。

第五章

ねこのように「やる時はやる」

ねこ様からの教え

なごむ様

目前のことに身も心も打ち込む

蛇口から水を飲むことに全力を注ぐなごむ様。毎回頭に水がかかってしまいますが、まったく気にしていないというおそるべき集中力！こんな風に一つのことに全身全霊で取り組んでいますか？

一行三昧

【いちぎょうざんまい】

集中すれば、悩むヒマもない

　雑念を取り払い、一つのことに精神を統一して没頭するという意味です。何かに集中して取り組んでいる時は周囲の音も気にならず、時間も飛ぶように過ぎているもの。禅の修行である坐禅も、まさに「一行三昧」です。

　気をつけたいのは、禅語における「三昧」には、一つのことに邁進しつつも自分を失うことなく持続する、という意味があること。ゆえに「我を忘れて夢中になる」というのは、「一行三昧」ではありません。

　毎日、わずかな時間でも没入して物事に取り組んでみませんか。一心不乱になればおのずと迷いや不安が消え、終わった後に気持ちも晴れ晴れとするはず。そして「一行三昧」の積み重ねは、必ずや結果として現れます。

第五章

ねこのように「やる時はやる」

一心不乱になることで工夫が生まれる

ねこ様からの教え

トムお様

トムお様がツメをとぐ場所や姿勢は、毎回ほぼ同じ。一心にツメとぎをするうち、「こうすると最もとぎやすい」という「工夫」が生まれたのかもしれません。

工夫

【くふう】

修行で人生が豊かになる

普段当たり前に使っている「工夫」という言葉は、もともと禅語。「一心に修行に励むこと」を意味し、坐禅を「静の工夫」、掃除など日常の仕事を「動の工夫」と言います。

一方、現代では、「より良い手段や方法を見つけようと考えを巡らす」という意味で使われます。禅語と違う意味のように思えますが、何かを達成するために考えるということは、修行に励むことと相通じるものがあります。

自分の生活を振り返ってみると、そこにはどれほどの「工夫」があるでしょう。もしも胸に抱いている不平不満があるとしたら、「工夫」次第で解消するかもしれません。一日一日を悔いなく過ごすために、ちょっと考えてみませんか。

第五章

ねこのように「やる時はやる」

大事なのは場所より強い気持ち

ねこ様からの教え

リクオ様

人間、何かを真剣に学ぼうと思ったら、自宅や外出先ですら道場になります。リクオ様は軽やかに宙を舞うことが夢なのか、「飛び猫」の写真集を見て日々イメージトレーニングをしているようです。

直心是道場

【じきしんこれどうじょう】

情熱があれば、どこでだって学べる

　場所や環境など条件が整っていないことを理由に、夢をあきらめてしまう人は少なくありません。でも何かを本当に実現したいと思ったら、その条件はさほど重要でない、という教えです。

　かつてある修行僧が、道場から来たという維摩居士（出家せずに仏教を学ぶ者）に出会いました。静かな修行の場を探していた修行僧が道場の場所を聞くと、維摩居士は「直心是道場」、つまり「まっすぐな心を持っていればどんなところも道場であり、修行の場になる」と答えました。修行とは各々の心の中でするものだから場所など関係ない、ということです。

　さあ、行き帰りの電車の中や、いつも利用しているカフェやレストランを"学び場"にして、夢を叶える努力をしてみませんか。

第五章

ねこのように「やる時はやる」

ねこ様からの教え

佐柳島 飛び猫様

振り返らず、前進あるのみ！

飛び猫様は何かに興味を惹かれたら、それにまっしぐら！　途中で進路を変更することはありません。一度やると決めたら、こんな風に前だけ見て進みたいものです。

不退転

【ふたいてん】

後戻りせず、まっすぐ進もう

「不退転の決意で臨む」。政治家や経営者がよく使う言葉で、一般的には、信念を持ち何事にも屈しない、固く信じて心を変えないといった解釈になります。一方、仏教における「不退転」とはそれだけにとどまらず、一度至った境地から退かないという奥深さのある言葉なのです。

仏教では「多くの人を救う」という志を持って修行に励んだ人が、次第に自分だけ救われたいと考えるようになるケースもあります。これを「退転」といいます。このことから「不退転」とは、一度起こした気持ちを退けないという意味になるのです。

逃げ道を用意せず、この道しかないという覚悟で進む強い意志。時にそれは人を成長させ、新しい世界への扉を開くきっかけにもなります。

第五章

ねこのように「やる時はやる」

第一関門の突破に集中！

ねこ様からの教え

ぷぷ様

後回しにしていたことが溜まってしまった……そんな時は、まず第一歩！　ぷぷ様のように目の前の関門の攻略に注力しましょう。一つクリアすることで、自信がつくと同時に気分も楽になります。

ねこ禅 四十七

一斬一切斬　一染一切染

【いちざんすればいっさいざん　いちぜんすればいっさいぜん】

目の前の問題を全力で解決しよう

　千本の糸を切る時、一本ずつ切る必要はありません。千本を束にして、ばっさり切れば済むことです。これは一つの問題を解決することがほかのさまざまなことにも作用するから、まずは目の前にある一つの関門を突破することを試みなさい、という意味を含んでいます。

　問題が山積みの状況に置かれると、人は混乱します。何から手をつければいいのかわからず、いっそすべてを放り出して逃げ出したくもなります。そんな時はまず気持ちを落ち着けて、山のような問題の中から目の前にある一つに手を伸ばし、それを解決することに注力してみましょう。淀んでいた川が流れ出すように、止まっていた時間も動き出すはず。慌てずに、一つずつ。落ち着いていきましょう。

第五章

ねこのように「やる時はやる」

調子に乗りすぎないこと

ねこ様からの教え

乙女様

気分が高揚しているのか、お気に入りのキャットタワーではしゃぐ乙女様。しかし、いつ落下してもおかしくない体勢……。ノリノリの時こそ自分を冷静に見つめることが肝要です。

勢不可使尽

【いきおいつかいつくすべからず】

「絶好調！」の時こそ反省を

あるアスリートが「負けた時に反省するのは当たり前。勝った時こそ、なぜ勝てたのか、試合を振り返って考えることが大切」と言っていました。はっとさせられる言葉です。

人は調子が良い時、すべてがうまい具合に進んでいる時、その勢いでさらに突っ走ろうとするものです。けれど人間の不幸は、幸福の時点で始まるもの。勢いがある絶頂期こそわが身を振り返り、謙虚に反省する姿勢が大事です。

「視野が狭くなっていないか」「人の意見をないがしろにしていないか」「あの選択は間違っていなかったか」。いったん立ち止まり、そう考えてみましょう。有頂天の時には見えなかったほころびが見えるかもしれません。

第五章

ねこのように「やる時はやる」

真剣に打ち込んでみて

ロイド様

普段はのんびりしているロイド様ですが、オモチャを目にした途端この気迫あふれる表情！ 忘れかけていた狩猟本能を取り戻すべく、やる気スイッチをオンに切り替えたに違いありません。

一心

【いっしん】

「心」が動かなければ、力は出ない

　スポーツ選手は、心技体のバランスを大切にします。どれほど技術を磨き体を鍛えても、心の強さが伴っていなければ、勝利を得ることはできません。そして技術力や体力が拮抗している選手と戦う場合、最後に勝敗を左右するのが心です。

　スポーツに限らず、あらゆることは心が源になっています。雨の降っている月曜の朝、会社に行くのは憂鬱かもしれません。けれど「買ったばかりのレインブーツがようやく履ける」と考えたらどうでしょう。あるいは寝坊したい休日に家族から起こされてしまった時、「休日、行動する時間が増えた」と気持ちを切り替えられたら？　心の持ちようで、どんなことでもプラスに切り替えられる。当たり前のことだからこそ、いつも意識してみませんか。

第五章

ねこのように「やる時はやる」

常に考える癖をつける

ねこ様からの教え

ふくたん様

インターネットの普及により、あらゆる情報を瞬時に手に入れられるようになりました。大事なのは知識をためるだけでなく、ふくたん様のように人に頼らず、自分の答えを見つけようとすることです!

香厳撃竹

【きょうげんげきちく】

答えは自分で求め続けよう

　唐時代の禅僧・香厳智閑禅師は、聡明かつ博学であることで広く知られていましたが、潙山霊祐禅師からの問いに知識を総動員しても正しく答えることができませんでした。香厳禅師は絶望し、すべての書物を焼き捨ててしまいます。そんなある日、掃き掃除をしていると、ほうきで掃いた小石が飛んで竹に当たりました。その音を聞いた時、香厳禅師は「他人から聞いた答えは自分の知識にはなっても、悟ったことにはならない」と気づきます。

　人の教えに耳を傾けることは大切なこと。しかしその一方で、自分自身で問いの答えを求めようとする姿勢を忘れてはいけません。たとえ人から教わったことと同じ答えにたどり着くとしても、自分自身で求め続けることに意味があるのですから。

ねこ禅目録

スターねこ INDEX

自分をフェレットだと思ってる!?

ねこ禅・一

古都様（♀）
ツイッター　@garo004giru

日本全国を旅するアウトドア派

ねこ禅・二、十一

ニャン吉様（♀）フェイスブック↓
https://www.facebook.com/noraneko.nyankichi/

写真集『飛び猫』で話題に！

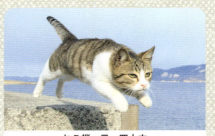

ねこ禅・三、四十六

佐柳島の飛び猫様

馬やブタなどいろんな動物と共生！

ねこ禅・四、七、二十一、二十七

スエトシ牧場の子ねこ様、名無し様
公式HP　http://www.bokujo.co.jp/

寝ている時も起きている時も天使

ねこ禅・五

ウィル様（♂）
ツイッター　@hitumotomo

ドラマ＆映画『猫侍』でおなじみ

ねこ禅・六、十三＆表紙・扉モデル

あなご様（♀）

2匹ともお散歩するのが大好き

ねこ禅・八

キキ様(♂)、ジジ様(♀)　ブログ「にゃんずパラダイス」
http://jijikiki415.blog.fc2.com/

おっとりしていてフレンドリー

ねこ禅・九

まっちゃん様(♂)　ブログ「馬とニャンコと男と女」
http://nanchatte.blog46.fc2.com/

恋人みたいに甘い関係♥

ねこ禅・十

ろでむ様(♀)、すず様(♀)　ブログ「ねこびより わが家のねこちゃんs」http://blog.goo.ne.jp/suzurodecat

箱と日光浴を愛するオヤジねこ

ねこ禅・十二、三十二

海苔様(♂)
ツイッター　@nori_mono

行動がユニークな不思議ちゃん

ねこ禅・十四

きなこ様(♀)
ツイッター　@michiru522

ユーモラスな"イケニャン"

ねこ禅・十五、四十二

ポッケ様(♂)　ブログ「ポッケ」
http://blog.pokkeboy.com/

スターねこ INDEX

よくしゃべるヤンチャBOY

ねこ禅・十六、三十八

うなぎ様（♂）
ツイッター　@una1535

ちょっぴり臆病だけど心やさしい

ねこ禅・十七

オトスケ様（♂）ブログ「馬とニャンコと男と女」
http://nanchatte.blog46.fc2.com/

飼い主さんLOVEの甘えん坊

ねこ禅・十八

ホイップ様（♀）
ツイッター　@HOIPPU_0722

ねこなのに野菜が大好物

ねこ禅・十九

キク様（♂）
ブログ「ミルキク.net」http://mirukiku.net/

ササミ好きの元祖"ブサかわねこ"

ねこ禅・二十

ヨウカン様（♂）ブログ「ぶつぶつ独り言2
うちの猫ら2015」http://kachimo.exblog.jp/

やる気ゼロの接客態度が話題

ねこ禅・二十二、四十四

トムお様（♂）
ツイッター　@oslcats

いつも一緒の仲良し兄弟

ねこ禅・二十三

ルイユ様（♂）、ブラン様（♂）
ツイッター　　@mintjulep555

甘えん坊＆食いしん坊

ねこ禅・二十四

ぎんなん様（♂）ブログ「かぼすちゃんとおさんぽ。」
http://kabosu112.exblog.jp/

フクロウ好きのお転婆娘

ねこ禅・二十五

マリモ様（♀）
ツイッター　　@hukuloucoffee

しょんぼりなんてしてません！

ねこ禅・二十六

ふーちゃん様（♂）
ツイッター　　@foochan0711

遊び好きのモフモフ王子

ねこ禅・二十八

ルーク様（♂）
ツイッター　　@teshimari

熱愛中（?）の年の差カップル

ねこ禅・二十九

トムお様（♂）、たま様（♀）
ツイッター　　@oslcats

スターねこ INDEX

まだ2歳だけど見た目は老師

ねこ禅・三十

鈴ノ助様（♂）
ツイッター　@Suzunosuke_o

純白の癒し系ご長寿ねこ

ねこ禅・三十一

うら様（♀）
ツイッター　@urabanashi813

マイペースながら社交的

ねこ禅・三十三

つつじ様（♀）ブログ「かぼすちゃんとおさんぽ。」
http://kabosu112.exblog.jp/

おっとり系でおねだり上手

ねこ禅・三十四

マイケル様（♂）ブログ「What's Michael? That'sMichael！」
http://happy-come.com/kumatsuma/

目力の強さなら
負けないわよ

119

ねこは
寝ているように見えて
瞑想してるの

とにもかくにも睡眠を優先

ねこ禅・三十五

どんぐり様(♂)
ツイッター　@akihimatandon11

「神保町にゃんこ堂」のねこ店長

ねこ禅・三十六、四十五

リクオ様(♂)
ツイッター　@anealoha65

散歩好きののんびり屋さん

ねこ禅・三十七

のんた様(♂)
インスタグラム　@utacci

"しょんぼり顔"がチャーミング

ねこ禅・三十九、四十九

ロイド様(♂)
ツイッター　@lloydyokohama

スターねこ INDEX

ヤンチャ盛り&食いしん坊

ねこ禅・四十

夢様（♂）
ツイッター　@YumeNekoHonpo

趣味は入浴とお散歩とコスプレ

ねこ禅・四十一、五十

ふくたん様（♀）　ブログ「ふくたんの成長日記」
http://fukutan5.blog45.fc2.com/

今日も明日もトイレの水をかけ流し！

ねこ禅・四十三

なごむ様（♂）
ツイッター　@kinagomu0706

みんなかわいくて
びっくり

男子顔負けの運動量と身体能力

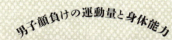

ねこ禅・四十七

ぷぷ様（♀）　ブログ「たまの玉手箱」
http://tamapupu.blog100.fc2.com/

ちょっぴり臆病なお調子者

ねこ禅・四十八

乙女様（♀）ブログ「What's Michael? That'sMichael！」
http://happy-come.com/kumatsuma/

121

禅語 INDEX

あ行

いきおいつかいつくすべからず
【出典:『大慧武庫』】
勢不可使尽 …………………… 108

いしんでんしん
【出典:『血脈論』】
以心伝心 …………………… 66

いちぎょうざんまい
【出典:『六祖壇経』】
一行三昧 …………………… 98

いちざんすればいっさいざん
いちぜんすればいっさいぜん 【出典:『密菴和尚語録』】
一斬一切斬 一染一切染 …… 106

いっしん
【出典:『信心銘』】
一心 …………………………… 110

えこうへんしょう
【出典:『臨済録』】
回光返照 …………………… 42

か行

かしおのずからたんちょう
【出典:『圜悟録』巻9】
花枝自短長 ………………… 58

がほうじん
【出典:『五祖録』巻下】
我逢人 ……………………… 62

きっさこ
【出典:『趙州録』下】
喫茶去 ……………………… 38

きゃっかをみよ
【出典:『圜悟録』巻18】
看脚下 ……………………… 78

きょうげんげきちく
【出典:『景徳伝灯録』巻11】
香厳撃竹 …………………… 112

くふう
【出典:『臨済録』】
工夫 ………………………… 100

くもおさまりてさんがくあおし
【出典:『古尊宿語録』巻15】
雲収山岳青 ………………… 12

けかいせかいき
【出典:『景徳伝灯録』巻2】
花開世界起 ………………… 70

さ行

けっかじねんになる
【出典:『景徳伝灯録』巻3】
結果自然成……………34

こううんりゅうすい
【出典:『宋史』蘇軾伝】
行雲流水……………10

ざいちそうしち
【出典:『虚堂録』巻9】
坐一走七……………32

さうさせい
【出典:『嘉泰普灯録』巻21】
乍雨乍晴……………6

さにおうてはさをきっし はんにおうてははんをきっす
【出典:『日域洞上諸祖伝』上巻】
逢茶喫茶 逢飯喫飯……………44

じきしんこれどうじょう
【出典:『維摩詰所説経』巻1】
直心是道場……………102

しゃかんかん
【出典:『雲門録』巻上】
且緩々……………30

た行

せいせいじゃく
【出典:『無門関』】
惺惺著……………80

せんしん
【出典:『宏智録』巻6】
洗心……………18

ぞうじょうまん
【出典:『五祖録』巻中】
増上慢……………76

だいぞうはとけいにあそばず
【出典:『証道歌』】
大象不遊於兎径……………36

たがいえにかめいげつせいふうなからん
【出典:『碧巌録』巻1】
誰家無明月清風……………60

たはこれわれにあらず
【出典:『典座教訓』】
他不是吾……………96

たんとうちょくにゅう
【出典:『無門関』序】
単刀直入……………68

	てんじょうてんげゆいがどくそん 【出典:『天聖広灯録』巻1】 天上天下唯我独尊	64
	どくざだいゆうほう 【出典:『聯灯会要』巻4】 独坐大雄峰	14
な行	にこん 【出典:『正法眼蔵』「大悟」巻】 而今	26
	にちにちこれこうにち 【出典:『雲門録』巻中】 日日是好日	20
	にゅうなんしん 【出典:『宝慶記』】 柔軟心	8
	にんにんことごとくどうきなり 【出典:『伝光録』第10章】 人人悉道器	90
は行	はしゅきょうこう 【出典:『無門関』】 把手共行	54

	はっぷうふけどもどうぜず 【出典:『最上乗論』】 八風吹不動	40
	ひしりょう 【出典:『景徳伝灯録』巻14】 非思量	82
	ぶじこれきにん 【出典:『臨済録』】 無事是貴人	16
	ふたいてん 【出典:『圜悟録』巻3】 不退転	104
	ほうげじゃく 【出典:『黄龍南禅師語録』】 放下著	86
ま行	まくもうぞう 【出典:『景徳伝灯録』巻8】 莫妄想	84
	むくどく 【出典:『景徳伝灯録』巻3】 無功徳	92

もっけいしやになく
【出典：『景徳伝灯録』巻13】
木鶏啼子夜 …………… 22

ら行

りょうぼう
【出典：『仰山録』】
両忘 …………… 24

れいだんじち
【出典：『六祖壇経』】
冷暖自知 …………… 94

ろ
【出典：『雲門録』巻上】
露 …………… 46

ろうばしん
【出典：『臨済録』】
老婆心 …………… 50

わ行

わけいせいじゃく
【出典：茶道の言葉】
和敬清寂 …………… 56

わこうどうじん
【出典：『宏智録』巻6】
和光同塵 …………… 52

われただたるをしる
【出典：龍安寺のつくばい】
吾唯足知 …………… 74

一日一禅！

禅語まとめ

・禅宗の開祖は「達磨大師」

・禅語は禅僧が日常語で行った問答に由来

・禅問答は公案（※）として後世の人に学ばれた

※禅の修行者が悟りを開くために与えられる問題

おわりに

　禅僧が、毎日の生活の中で発した言葉、それが禅語です。
　一見すると、見たこともない漢字の羅列で、何やら小難しいことがいわれているように思われる方もいらっしゃるかもしれません。しかし、禅僧が日常で用いた普段の言葉なのですから、文字の並びや言葉の響きが神秘的に思えても、意味まで神秘的にとらえる必要はないのです。
　禅僧の生き方にはとらわれがありません。勝手気ままだと思える人もいるほどです。しかし、それは仏が説いた「無常」「空」の道理に契（かな）う生き方を目指し、固定化することを徹底的に拒否したからです。結果、活き活きとした毎日となり、多種多様な禅語が生み出されるに至りました。
　そして、あまりにいろいろな物事に引っかかる現代の我々にとって、とらわれない生き方はとても大切だと思うのです。
　とらわれないということは、練習や訓練の果てに獲得されるような能力ではありません。本来は、ギュッと握りしめてしまっている手を、パッと開くだけのような、簡単なことです。
　この本に出てくる猫たちの、何とも力の抜けた様子を見ながら禅語を学び、ちょっとだけ力を抜いてみてください。毎日が楽になることでしょう。

菅原研州

禅語監修
菅原研州
すがわら けんしゅう

愛知学院大学 講師／禅研究所研究員、曹洞宗総合研究センター委託研究員。曹洞宗 満福山城国寺（宮城県栗原市）副住職。1975年生まれ。親戚の老僧の影響で『正法眼蔵』を学ぼうと志す。中村勘九郎（当時・勘太郎）主演の映画『禅 ZEN』（2009年）で役者の所作を指導。著書に『道元禅師伝』（曹洞宗宗務庁、2011年）、共著に『禅語にしたしむ』（愛知学院大学禅研究所編、2015年）など。ブログ「つらつら日暮らし」管理人。

http://blog.goo.ne.jp/tenjin95/

撮影（表紙、本文一部）
五十嵐健太
いがらし けんた

写真家。1984年生まれ、千葉県出身。これまでに10万点以上の猫の写真を撮影。文具や印刷物などに多数採用される。写真集『飛び猫』、『フクとマリモ』（KADOKAWA）が、テレビや新聞、数多くのメディアでも話題に。企業とのコラボや猫イベントの企画も精力的に行っている。

掲載写真／P1～6、10～12、16～18、28～32、38、48～52、56、62、66、72～76、82、86、88～90、100～104、110、114、128

http://k-igarashi.com/
https://www.facebook.com/k.igarashi.photo

装丁	橋口路子
編集協力	株式会社トライアングル（奥田直樹）、北村礼桂、渡邉陽子
校正	株式会社アドリブ
写真協力	ZOO動物プロ 和室すたじお 天野家 スターねこ飼い主のみなさま（P115～参照）

参考文献
『禅語事典 より良き人生への250のことば』／著：平田精耕／PHP研究所
『ふっと心がかるくなる 禅の言葉』／監修：永井政之／永岡書店
『禅語百選』／著：松原泰道／祥伝社
『ほっとする禅語70』／監修：渡會正純／二玄社

ねこ禅

人生がふニャっとなごむ50の教え

| 監修 | 菅原研州（愛知学院大学 講師） |
| 表紙撮影 | 五十嵐健太 |

2016年 8月22日　第1刷発行
2024年12月20日　第7刷発行

発行者　　山下直久

発行　　　株式会社KADOKAWA
　　　　　〒102-8177　東京都千代田区富士見2-13-3
　　　　　電話：0570-002-301（ナビダイヤル）

印刷・製本　TOPPANクロレ株式会社

ISBN978-4-04-895636-9 C0095

©KADOKAWA CORPORATION 2016
©Kenshu Sugawara 2016
©Kenta Igarashi 2016

Printed in Japan

本書の無断転載を禁じます。本書の無断複製（コピー、スキャン、デジタル化等）並びに無断複製物の譲渡及び配信は、著作権法上での例外を除き禁じられています。また、本書を代行業者などの第三者に依頼して複製する行為は、たとえ個人や家庭内での利用であっても一切認められておりません。

●お問い合わせ
https://www.kadokawa.co.jp/　「お問い合わせ」へお進みください）
※内容によっては、お答えできない場合があります。
※サポートは日本国内のみとさせていただきます。
※Japanese text only

定価はカバーに表示してあります。